Onyva

Jin Yong Park

Index

Welcome to Onyva — 7	**Wild oyster mushroom** / 자연산 미루나무 버섯 — 38
Halibut / 광어 — 14	**Mulberry** / 오디 — 44
Anchovy / 기장 멸치 — 16	**Scallop** / 가리비 — 46
Pork head / 돼지 머리 — 18	**Croaker** / 민어 — 48
Asparagus / 아스파라거스 — 20	**Duck** / 봉화 오리 — 50
Spider crab / 박달 대게 — 22	**Tomato** / 토마토 — 52
Perilla seed / 들깨 — 30	**Seashell conch** / 거제도 뿔소라 — 54
Tilefish / 제주 옥돔 — 32	**Nureungi samgyetang** / 누룽지 삼계탕 — 56
Fried chili / 고추 튀김 — 34	**Lamb shoulder rack** / 양 어깨갈비 — 64
Squid and courgette / 한치와 호박 — 36	**Mackerel** / 고등어 — 66

Cod / 대구 — 68	Baby squid / 꼴뚜기 — 100
Peach / 황도 — 70	Strawberry / 딸기 — 102
Sweet shrimp / 단새우 — 72	Oval squid / 제주 무늬 오징어 — 104
Oysters / 통영 굴 — 76	Chicken / 닭 — 106
Korean root vegetables / 한국 뿌리 채소 — 78	Cod / 대구 — 108
Pineapple / 파인애플 — 80	Crocker / 민어 — 118
Tuna / 참치 — 82	Poached egg / 수란 — 120
Duck / 봉화 오리 — 94	Beef / 소고기 토시살 — 122
Spanish mackerel / 삼치 — 96	About the author — 130
Monkfish / 아귀 — 98	

Welcome to Onyva

Onyva means "Let's go!" in French.
Sometimes it means to go somewhere together, and sometimes it's a chef's way of saying, "Let's go!" to start serving food to guests. At Onyva, we embrace this meaning and want everyone who visits to feel happiness.
I also hope that the colleagues at Onyva will always be able to share their happiness with each other. On y va!

Onyva는 프랑스어로 "함께 가자"라는 유쾌한 뜻을 담고 있습니다.
함께 어떤 장소를 가자는 의미로 쓰이기도 하고, 셰프가 음식을 만든 후 손님에게 서빙을 시작하자는 의미로 외칠 때도 있습니다. Onyva에서는 이런 의미를 품고, 찾아주시는 모든 분들이 행복하시기를 바랍니다.
또한 Onyva에서 함께 근무하는 동료들 또한 늘 행복한 마음을 서로 나눌 수 있기를 바라며, 오늘도 모두의 행복을 위해 On y va!

Halibut crudo, citrus granita, cilantro flower
숙성 광어 물회, 고수꽃, 적양파, 레몬, 오렌지, 라임

I interpreted the halibut ceviche as Korean mulhoe. The broth is slightly frozen so that you can feel the frosty texture in your mouth when you eat it, and the aroma and flavor of the broth is complemented by ingredients such as lime, ginger, cilantro, and cucumber to give the ceviche a refreshing taste.

The pink sauce is a combination of red onion, ginger, lemongrass, lemon, lime, and orange juice. The juice itself is highly acidic, and the addition of the halibut bones from the halibut fillets adds to the umami flavor of the fish.

광어 세비체를 한국의 물회로 해석해 봤어요. 물회처럼 국물을 살짝 얼려서 먹을 때 살얼음이 입안에서 느껴지도록 만들었고, 상큼한 맛과 향이 나도록 라임, 생강, 고수, 오이 등의 재료를 곁들여 요리했습니다.

분홍색 소스는 적양파, 생강, 레몬그라스 그리고 레몬, 라임, 오렌지즙을 같이 넣어서 만든 주스에요. 주스 자체의 산도가 높고 여기에 광어 필렛을 뜨고 난 다음에 나오는 광어 뼈를 넣으면 생선의 감칠 맛이 더해집니다.

Fried anchovy, clementine, lardo
기장 멸치 튀김, 한라봉, 라르도

This is a dish of Gijang anchovies crisply fried in beer batter. Hallabong from Jeju Island, which is highly acidic, is sandwiched between the fried anchovies and a pork ham called lardo, with only the flesh sliced thinly. Fried dishes are usually served with lemon, but I used freshly picked Hallabong in this dish instead.
I like to use seasonal Korean ingredients as much as possible while cooking French cuisine. Korea has four seasons, and each season divides into three or four periods, so there are various ingredients. Gijang anchovies are in season from winter to spring and included in Onyva's winter menu.

맥주 반죽에 바삭하게 튀긴 기장 멸치 요리입니다. 산도가 높은 제주도 한라봉이 멸치 튀김과 라르도라고 부르는 돼지고기 햄 사이에 과육만 얇게 슬라이스해서 들어가 있어요. 튀김요리에는 주로 레몬을 곁들이지만, 이 요리에서는 산도가 높은 노지의 한라봉을 사용했습니다.

저는 프랑스 요리를 하면서 최대한 한국의 제철 식재료를 사용하는 것을 좋아합니다. 우리나라는 사계절로 이루어져 있는데 각 계절이 3-4 시기로 나뉘어서 다양한 식재료가 나와요. 이 중에서 기장 멸치는 추운 겨울에서 봄이 제철이라 오니바의 겨울 메뉴에 사용합니다.

Fried pork head, gribiche sauce
돼지 머리 튀김, 그리비시 소스

The bottom part of this dish is the fried pork head, followed by the gribiche sauce, and the top part is the pork head terrine. Terrine and gribiche sauce are a classic combination in French cuisine that I personally love.
The gribiche sauce that goes on top of the fried pork head is made with hard-boiled eggs and oil emulsified into a mayonnaise-like consistency added to various herbs like parsley, chervil, tarragon, and lemon juice.

이 요리의 가장 아래 부분에 돼지 머리 튀김이 있고, 그 위에 그리비시 소스, 그리고 가장 윗부분에는 돼지 머리 테린이 올라갑니다. 테린과 그리비시 소스는 제가 개인적으로 좋아하는 프랑스 요리의 클래식한 조합이에요.

돼지 머리 튀김 위에 올라가는 그리비시 소스는 삶은 계란과 오일을 마요네즈처럼 유화시킨 후, 파슬리, 처빌, 타라곤 등의 각종 허브와 레몬즙 등을 넣어서 만듭니다.

Asparagus, baby squid, flowers, Korean lovage
아스파라거스, 꼴뚜기, 무 꽃, 루꼴라 꽃, 배추 꽃, 당귀

The asparagus comes from a farmer on Jeju Island. In between the roasted asparagus is roasted baby squid, which is in season. You might think that baby squid is the main ingredient, but the asparagus is the star of this dish.
I made the green juice by grinding the remains of the trimmed asparagus with ice and added some Korean lovage oil.
I often use radish blossoms, Chinese cabbage blossoms, and arugula blossoms in my cooking because each flower has a flavor unique to the original ingredient.

아스파라거스는 제주도에 계신 농부님에게 받아서 쓰고 있어요. 구운 아스파라거스 사이사이에 제철인 구운 꼴뚜기가 들어갑니다. 꼴뚜기가 메인이라고 생각할 수 있지만 이 요리의 메인은 아스파라거스에요.
아스파라거스를 손질하고 남은 밑동과 껍질을 얼음과 함께 갈아서 초록색 주스를 만들고 당귀 오일을 곁들여 줍니다.

배짱이 농장에 가서 제가 직접 따온 무 꽃, 배추 꽃, 루콜라 꽃은 각 꽃에서 원재료 고유의 맛이 나기 때문에 요리에 자주 사용합니다.

Uljin spider crab, vin jaune sabayon, Korean wild sorrel
울진 박달 대게, 뱅존 사바용 소스, 토종 싱아

Bakdal spider crab from Uljin is usually in season from winter to spring.
The spider crab is cooked at a low temperature, and the crabmeat is seasoned with pepper, salt, lemon juice, and olive oil.
The vin jaune sabayon sauce is based in egg yolks and butter and vin jaune wine from the Jura region of France.
The crabmeat is topped with a native herb called singa, which has a strong acidic flavor that matches well with the salty crabmeat and the vin jaune sabayon sauce.

울진에서 온 박달 대게는 보통 겨울에서 봄까지가 제철입니다.
박달 대게는 저온에서 익혀서 살만 발라낸 뒤, 후추, 소금, 레몬즙, 올리브유로 간을 합니다.
계란 노른자와 버터를 베이스로 하는 사바용 소스에 프랑스 쥐라 지역의 산화된 뱅존 와인을 넣어서 만든 뱅존 사바용 소스를 곁들입니다.

게살 위에 산미가 강한 토종 싱아라는 허브를 사용하여, 뱅존 사바용 소스의 향과 짭짤한 게살이 다같이 어우러지게 만든 요리입니다.

Perilla seed ice cream,
Perilla seed oil, buckwheat, seaweed powder
들깨 아이스크림, 들기름, 메밀, 김가루

Onyva's signature dessert is made with perilla ice cream topped with perilla oil and seaweed powder. Underneath the perilla ice cream is crunchy buckwheat caramel.
This dessert was inspired by my favorite perilla oil noodle dish.
I make seasonal pies and introduce new desserts with seasonal fruits, but this perilla ice cream is always a signature dish that defines the Onyva style.

들깨로 만든 아이스크림 위에 들기름과 김가루를 올려 만든 오니바의 시그니처 디저트입니다. 들깨 아이스크림 아래에는 크런치한 메밀 카라멜이 깔려 있어요.
제가 좋아하는 들기름 막국수에서 아이디어를 얻어 만든 디저트입니다.

시즌별로 파이도 만들고, 제철인 복숭아 등의 과일로 새로운 디저트를 선보이지만, 이 들깨 아이스크림은 오니바의 아이덴티티를 보여주는 시그니처 메뉴로 늘 소개하고 있습니다.

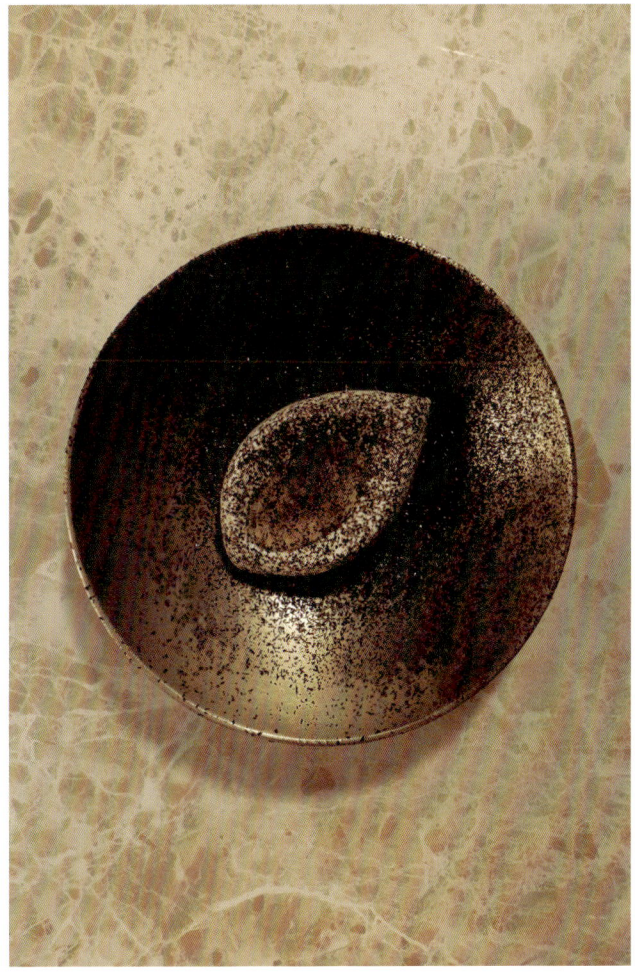

Jeju tilefish, Damyang bamboo shoot, tilefish head sauce, roasted lemon puree
제주 옥돔, 담양 죽순, 옥돔머리 부야베스 소스, 구운 레몬 퓨레

The tilefish from Jeju is grilled crispy and served with seasonal bamboo shoots from Damyang.
The sauce in this dish is the same sauce used to make a dish called bouillabaisse in the South of France, which is made by simmering oven-roasted tilefish heads and bones with vegetables.
I'm a big fan of using acidic flavors in my cooking, and in this dish, I added roasted lemon puree for more acidity.

제주에서 온 옥돔은 비늘을 바삭하게 살려서 굽고, 담양에서 온 제철 죽순을 곁들입니다.
이 요리에 들어가는 소스는 남프랑스의 부야베스라는 요리를 만들 때 사용하는 방식으로, 오븐에서 구운 옥돔의 머리와 뼈를 야채와 함께 끓여내서 만듭니다.

저는 요리할 때 산미 있는 재료를 과감하게 사용하는데, 이 요리에서는 통으로 구운 레몬을 퓨레로 만들어 산미를 더했습니다.

Fried chili stuffed with anchovy and kimchi, smoked chili mayo, smoked chili powder
기장 멸치와 김치를 채운 고추 튀김, 훈연 고추 마요네즈, 훈연 고추가루

I love Korean fried chili peppers, so instead of the usual meat, I stuffed them with raw anchovies, kimchi, and sesame leaves and deep-fried them until crispy. The mayonnaise sauce is infused with smoked chili peppers. For this dish I used mildly spicy dangjo peppers that are available in early summer.
The flavors of the anchovies and sesame leaves combine with the textures of the peppers and kimchi, and the sauce adds deeper flavor.

한식의 고추 튀김을 평소에 좋아해서, 일반적으로 들어가는 고기 대신 생멸치와 묵은지 그리고 깻잎을 채워서 바삭하게 튀겨냈습니다. 훈연한 고추가 들어간 마요네즈 소스를 곁들였습니다.
고추는 초여름에 나오는 맵지 않은 당조 고추를 사용합니다.

멸치와 깻잎의 향과 고추와 묵은지의 식감이 어우러지고 소스가 풍미를 더해줍니다.

Grilled squid, courgette, courgette leaf, dried courgette
구운 한치, 조선 호박, 호박잎, 호박고지

This is a dish of grilled squid from Jeju with courgette. It is a mixture of roasted Korean courgette, low-cooked pumpkin leaves, and a sauce made with dried courgette.
The courgette and shrimp flavors go well together, so I powdered the shrimp paste and added it instead of salt. The sauce is made with caramelized onions and kelp stock.
In this dish, I wanted to convey the three different textures of courgette, courgette leaves, and dried courgette that are delicious in the summer.

제주도에서 온 한치에 호박을 곁들인 요리입니다. 구운 조선 호박과 저온에 익혀낸 호박잎, 호박 고지로 만든 소스가 함께 들어갑니다.
호박과 새우젓이 잘 어울려서 새우젓을 가루로 만들어서 소금 대신 사용했습니다.
호박 고지로 만든 소스는 캐러멜라이징한 양파와 다시마 육수로 만들었습니다.
이 요리에서는 여름에 맛있는 호박과 호박잎, 호박 고지의 세 가지의 다른 식감을 전달하고 싶었어요.

Wild oyster mushroom, cognac sauce, lardo
자연산 미루나무 버섯, 꼬냑 소스, 라르도

This dish features three wild mushrooms that are only available for a short time in the fall. Wild oyster mushrooms are confit at a low temperature with lardo and finished with a charcoal grill. The wild morel and enoki mushrooms are quickly cooked in a pan with butter. The mushroom juice remaining in the pan is combined with cognac, shallots, a little butter and lemon juice to make the sauce.
The mushrooms are topped with thin slices of lardo, which are made from pork fat.

가을에 짧은 기간 동안만 맛볼 수 있는 세 가지 자연산 버섯이 들어간 요리입니다. 자연산 미루나무 버섯은 라르도와 함께 저온으로 콩피를 한 후 숯에 구워 마무리합니다. 자연산 먹버섯과 꾀꼬리 버섯은 버터를 두른 팬에 빠르게 익혀냅니다. 팬에 남아있는 버섯 주스에 꼬냑과 샬롯 그리고 약간의 버터와 레몬즙을 더해 소스를 만듭니다.

버섯 위에는 돼지고기 지방으로 만든 라르도를 얇게 썰어 올립니다.

Mulberry semi-freddo, mulberry granita, licorice
오디 세미프레도, 오디 그라니따, 감초 머랭

I used seasonal mulberry and wildflower honey to make semi-freddo, an ice cream with a fluffy texture. The accompanying granita was made by freezing and grinding the mulberry juice to create a crunchy texture. A bittersweet licorice-infused meringue cookie is sprinkled over the semi-freddo and granita.

제철 오디와 야생화 꿀을 사용하여 폭신한 식감의 아이스크림인 세미프레도를 만들었습니다. 함께 곁들인 그라니따는 오디 주스를 얼린 후 갈아서 아삭한 느낌을 살렸습니다.

쌉쌀한 단맛이 나는 감초를 넣은 머랭 쿠키를 만들어 세미프레도와 그라니따 위에 뿌려줍니다.

Scallop, sogokju beurre blanc, fermented radish, chili oil
가리비, 소곡주 버터 소스, 발효 총각무, 고추

This dish is made of Goseong scallops. Instead of using wine, which is typically used to make a beurre blanc sauce, which is made by emulsifying wine and butter, I used Korean sogokju to make a sogokju butter sauce. I topped the buttered scallops with thin slices of fermented radish and a drizzle of chili oil.
This dish features a combination of tender scallops, butter sauce, and crunchy radishes.

고성 가리비를 사용한 요리입니다. 와인과 버터를 유화 시켜서 만드는 베르 블랑(beurre blanc) 소스에 일반적으로 넣는 와인 대신 한국의 소곡주를 사용하여 소곡주 버터 소스를 만들었습니다.
버터로 구워낸 가리비 위에 발효시킨 총각무를 얇게 썰어서 올리고, 고추기름을 살짝 더해줍니다.

부드러운 가리비와 버터 소스, 그리고 아삭한 총각무의 조합이 특색인 메뉴입니다.

Croaker, sweet corn, sweet corn butter, lemon, polenta
민어, 초당 옥수수, 초당 옥수수 버터, 레몬, 폴렌타

This dish is made with summer's seasonal live croaker and sweet corn. The fish is aged for two days, and cooked until tender.
The sweet corn butter sauce is made by using corn beards, husks, and cobs from the corn, and tossed with the corn kernels. Toasting the polenta made from corn meal adds a crunchy texture, and the black powder made from oven-roasting leftover corn husks is sprinkled on top.
The combination of flavors of the roasted lemon puree, fish fillet, and corn made this dish one of the favorites of Onyva's menu.

여름이 제철인 활민어와 초당 옥수수를 사용한 요리입니다. 민어는 횟감으로 받아서 이틀을 숙성한 후 부드럽게 익혀서 냅니다.
초당 옥수수의 수염과 껍질과 속대를 사용하여 버터 소스를 만들어, 옥수수 알갱이와 버무려 냅니다. 옥수수 가루로 만든 폴렌타를 바삭하게 구워서 크리스피한 식감을 살리고, 남은 옥수수 껍질을 오븐에 태우듯이 구워서 만든 검은 가루를 뿌려줍니다.

옆에 곁들여서 나가는 구운 레몬 퓨레와 생선살 그리고 옥수수를 한 번에 같이 드셨을 때 맛의 조합이 뛰어나서 인기가 많았던 메뉴에요.

Bonghwa duck, new onion, yuzu
봉화 오리, 햇양파, 고흥 유자

This dish uses four different parts of the duck from Bonghwa, aged for about 10 days. The duck breast and tenderloin are slow-roasted over charcoal, and the duck leg is slow-cooked in duck oil for more than 10 hours to extend the flavor and make it more tender. The duck brisket is also roasted over charcoal, and the new onion is cooked in butter and chicken broth and served together.
The sauce is made with roasted duck bones, and it is served with Goheung yuzu puree, orange peel confit, and pickled mustard seeds for a colorful flavor.

봉화에서 온 오리고기를 열흘정도 숙성해서 네 가지 부위를 사용한 요리입니다. 오리 가슴살과 안심은 숯에 천천히 구워서 내고, 오리 다리살은 오리 기름에 10 시간 이상 천천히 익히는 콩피를 하면 풍미도 늘어나고 부드러워져요. 오리 염통도 숯에 구워서 내고, 햇 양파를 버터와 닭육수에 익혀서 같이 곁들여 냅니다.

소스는 오리의 뼈를 구워서 만들었고, 고흥 유자를 사용한 퓨레와 오렌지 껍질 콩피, 겨자 씨앗 피클과 함께 다채로운 맛을 즐길 수 있습니다.

Tomato from Tory farm, herbs from Bechangyi farm
토리 농장 토마토, 베짱이 농장 허브

The tomatoes are sourced from Tory Farm in Toechon, Gwangju. The tomatoes are peeled, coated with olive oil and salt, and dried for about 6 hours, which reduces the water content and condenses the flavor.
The sauce uses tomato water, which remains when you grind the tomatoes and strain them through a thin paper filter. The red tomato oil is made by roasting the skins of the tomatoes.
The summer herbs are nasturtiums, mint, marigolds, sorrel, fennel, begonia flowers, and more, all picked at the Bechangyi Farm.

토마토는 광주 퇴촌에 있는 토리 농장에서 가져옵니다. 토마토의 껍질을 벗기고 올리브유와 소금을 발라서 6시간 정도 건조 시키면, 수분의 함량이 줄면서 감칠맛이 응축됩니다.
소스는 토마토를 갈아서 얇은 종이 필터에 내리면 맑게 남는 토마토 워터를 사용합니다. 빨갛게 보이는 토마토 오일은 토마토의 껍질을 구워서 만듭니다.
위에 올린 여름 허브들은 한련화, 민트, 메리골드, 소렐, 펜넬, 베고니아 꽃, 등으로 베짱이 농장에서 제가 직접 따 온거에요.

Geoje-do seashell conch, beurre d'escargot
거제도 뿔소라, 에르카르고 버터

This dish is made with homemade escargot butter stuffed inside Geoje-do seashell conch and served with bread. Escargot butter is made by combining butter with herbs, garlic, fish sauce, and various citrus juices, and seasoning with salt and pepper.
The conch is boiled, gutted, and placed back in the shell with butter before baking in the oven.
After eating the conch, the butter that remains in the shell goes well with the sourdough bread served together.

거제도 뿔소라 안에 에스카르고 버터를 직접 만들어서 넣고 빵과 함께 내어드리는 요리입니다. 에스카르고 버터는 버터에 허브, 마늘, 액젓 그리고 다양한 시트러스류를 더하고, 소금 후추로 간을 해서 만듭니다.
소라는 삶은 후 내장을 손질한 후, 살만 버터와 함께 다시 껍질 안에 넣어서 오븐에 구워내요.

소라를 꺼내서 드신 후에 껍질 안에 남아있는 버터는 함께 내드린 사워도우와 함께 드시는 요리입니다.

Nureungi samgyetang, black pepper, ginseng
누룽지 삼계탕, 후추 퓨레, 인삼

Onyva's nureungji samgyetang is served as a main dish every summer. Three parts of chicken - breast, leg, and wing - are grilled over charcoal and topped with nureungji chips.
The sauce is made by roasting chicken bones and adding nureungji and ginseng to the broth to make it more like a nureungi samgyetang broth.
Nureungi samgyetang is served with a spicy black pepper puree, just like you would sprinkle black pepper on a hot pot.

매년 여름에 초복에서 말복까지 메인 메뉴로 선보이는 오니바의 누룽지 삼계탕입니다. 닭 가슴살, 다리살, 날갯살의 세가지 부위를 숯에 굽고, 위에는 누룽지 칩을 올려냅니다.
소스는 닭뼈를 구워서 만든 국물에 누룽지와 인삼을 넣어서 누룽지 삼계탕 국물처럼 만듭니다.

삼계탕에 후추를 뿌려 먹듯이 매콤한 후추 퓨레를 곁들여 먹는 삼계탕입니다.

Grilled lamb shoulder rack, kimchi chimichurri, tomato confit
숯에 구운 양 어깨갈비, 김치 치미츄리 소스, 토마토 콩피

Topped the charcoal-grilled lamb shoulder rack with chimichurri sauce made by chopping up kimchi with herbs. The tomatoes are peeled and lightly dried and served with the grilled lamb shoulder juices.

숯에 통으로 구운 양 어깨 갈비 위에 허브와 함께 묵은지를 다져서 만든 치미추리 소스를 뿌려줍니다.

토마토는 통으로 껍질을 벗긴 후 살짝 말려서, 구운 양 어깨뼈 주스와 함께 곁들여냅니다.

Mackerel, watermelon, Korean wild pepper
고등어, 수박, 재피

This is a dish of mackerel lightly cooked over charcoal.
The mackerel is topped with pickled Korean wild pepper and pickled watermelon.
Charcoal-flavored, oily mackerel is paired with the taste of cool watermelon and wild pepper pickles.

껍질을 숯으로 살짝 익혀낸 고등어 요리입니다. 고등어 위에는 재피 장아찌와 절인 수박이 올라갑니다.

숯향이 나는 기름진 고등어와 시원한 수박과 재피 장아찌의 맛이 어우러지는 요리입니다.

Cod, smoked butter sauce, black chanterelle
대구, 훈연버터 소스, 가을 먹버섯

Tender cod fillets are topped with autumn black chanterelle.
The smoked butter sauce is made by smoking the butter over straw to give it a smoky flavor, while the sogokju adds acidity. Simmering the sogokju, like simmering wine, adds a bit of acidity and flavor.
To borrow a phrase from describing wine, autumn chanterelle has earthy, leathery flavors and textures that make them bring out a special flavor when paired with fish.

부드럽게 익힌 대구살 위에 가을 먹버섯이 올라가는 요리입니다. 훈연한 버터 소스는 버터를 볏짚에 훈연을 해서 스모키함을 살리고, 소곡주로 산미를 더합니다. 와인을 졸이는 것처럼 소곡주를 졸이면 약간 산도가 올라오면서 감칠 맛이 납니다.

와인을 설명할 때의 표현을 빌자면 가을 먹버섯은 땅과 가죽의 향과 질감이 있어서, 생선과 함께 먹을 때 특별한 맛을 경험할 수 있어요.

Peach sorbet, fennel blossom, balsamic vinegar
황도 소르베, 펜넬 꽃, 숙성 발사믹

The peach sorbet is topped with fennel blossoms and drizzled with an aged balsamic vinegar sauce underneath.
The peach is roasted in whole and grinded with the raw peach to make the sorbet.
Onyva's sorbets are created with a variety of fresh fruits every season.

황도 소르베 위에 펜넬 꽃이 올라가고, 아래에는 숙성 발사믹 소스를 뿌려줍니다.
황도를 통으로 살짝 구운 후 생황도와 함께 갈아서 소르베로 만듭니다.

오니바에서는 제철 과일을 사용하여 계절마다 다양한 소르베를 선보입니다.

Sweet shrimp, bell pepper, marigold
단새우, 피망, 메리골드

This dish is made with sweet shrimp and red bell peppers, topped with marigolds.
Red bell peppers are smoked in whole, then the charred skin is removed, and the flesh is smoked.
The bubbles you see below the marigolds are the sauce made by grilling the sweet shrimp shells and heads, then adding sherry vinaigrette.

단새우와 적피망으로 만든 요리이고, 위에는 메리골드가 올라갑니다.
적피망은 통으로 태운 후, 탄 껍질은 벗기고 안의 속살만 훈연을 해서 사용합니다.

메리골드 아래에 보이는 거품은 단새우 껍질과 머리를 구운 후, 쉐리 비네거를 넣어서 만든 소스입니다.

Tongyeong oysters, lime, mezcal
통영 굴, 라임, 메즈칼

This is a dish of oysters from Tongyeong topped with sauce made with lime juice and vegetables. Vegetables, ginger, chili, lemon, and lime juice with the oysters are frozen and grinded to make the sauce. I topped the sauce with lime zest and a splash of mezcal, a South American liquor, to add a smoky flavor.

통영에서 온 굴 위에 라임즙과 야채로 만든 소스를 올린 요리입니다.
소스는 야채와 생강, 고추, 레몬, 라임즙을 굴과 함께 즙을 내서 얼린 후 갈아서 사용합니다.

소스 위에는 라임 제스트와 남미의 술인 메즈칼을 살짝 뿌려서 스모키한 향을 더해줍니다.

Korean root vegetables, crab doenjang sauce, lemon
한국 뿌리 채소, 꽃게 된장 소스, 레몬

This dish presents Korean root vegetables, all cooked in a different way to bring out the original texture of each vegetable.
The bubbles in the center are the sauce made with grilled blue crab and doenjang.
The grilled lemon puree adds acidity to the dish.

한국의 뿌리 채소인 우엉, 연근, 마, 돼지감자를 활용한 요리로, 각 채소의 식감을 살리기 위해 각각 다른 방식으로 요리합니다.
가운데 보이는 거품은 구운 꽃게와 된장을 넣어 만든 소스입니다.

구운 레몬 퓨레를 곁들여 산미를 더해줍니다.

Pineapple sorbet, ginseng
파인애플 소르베, 인삼

This dessert is a pineapple sorbet with a sauce made with ginseng.
Popping sugar is sprinkled on top to give a fun texture.

파인애플 소르베에 인삼으로 만든 소스를 곁들인 디저트입니다.

위에는 입 안에서 톡톡 터지는 파핑 슈가를 뿌려 주어서 먹는 재미를 느낄 수 있어요.

Tuna, smoked beet, burrata cream, minari
참치, 훈연 비트, 부라타 크림, 미나리 오일

This dish is made with marinated tuna and smoked beets with burrata cheese cream and minari.
The tuna fillet is lightly marinated in soy sauce, the beets are roasted whole and smoked, and a piece of thinly sliced lardo goes on top.
A cream made with burrata cheese and minari oil is served together.

절인 참치와 훈연한 비트, 부라타 치즈 크림과 미나리로 만든 요리입니다.
참치살을 염도가 낮은 맑은 간장인 청장에 살짝 절이고, 비트는 통으로 구운 후, 훈연해서 사용을 합니다. 그리고 위에는 얇게 썬 라르도를 얹었습니다.

부라타 치즈로 만든 크림과 미나리 오일을 곁들여 냅니다.

Bonghwa duck, carrot, kale, octopus XO
봉화 오리, 당근, 케일, 문어 머리 XO

This dish is made with Bonghwa duck using the breast, legs, tenderloin, and drumsticks of the whole duck. The mini carrots and kale are picked directly from the farm, and the carrots are slowly roasted in butter over low heat for an hour or two, while the kale is lightly fried.

The sauce you see above is an XO sauce made by stir-frying octopus heads in oil with ginger, garlic, chili oil, and Korean wild pepper. On the bottom of the dish is the juice made with duck bones.

봉화 오리 요리는 오리의 가슴살, 다리살, 안심, 그리고 염통을 전부 사용합니다.
미니 당근과 케일은 제가 농장에서 직접 캐온 것으로, 당근은 버터에 약불로 한 두 시간정도 천천히 굽고 케일은 살짝 튀겨서 올려줍니다.

위에 보이는 소스는 문어 머리와 생강과 마늘, 고추 기름, 재피 등을 함께 기름에 볶아내서 만든 엑소 소스입니다. 요리의 아래쪽에는 오리의 뼈로 만든 주스도 함께 곁들입니다.

Spanish mackerel, burnt chili jus, angelica root, burrata cream, guanciale
삼치, 태운 고추 소스, 당귀, 부라타 치즈, 관찰레

Spanish mackerel, guanciale, and burrata cheese are paired with a charred red pepper sauce.
The Spanish mackerel is lightly cooked on the outside.
The sauce is made by mixing the juice from the roasted chilies and lemon juice with angelica root oil.

삼치와 관찰레, 부라타 치즈를 태운 고추 소스와 함께 먹는 요리입니다.
삼치는 겉면만 살짝 익혀서 사용합니다.

소스는 태운 고추와 레몬즙으로 만든 주스에 당귀로 만든 오일을 섞어서 완성합니다.

Monkfish, Jeju Island citrus, kelp bouillon, thyme
아귀, 제주도 시트러스, 다시마, 타임

Butter-cooked monkfish tail served with a variety of citrus from Jeju Island. The citrus on top are grapefruit, sugar yuzu, tangerine, mandarin orange, and lemon.
The small green herbs you see above is thyme, which I picked directly from the farm.
The sauce is made with kelp bouillon for a deep flavor and is topped with fried brown rice for a savory finish.
Monkfish is a delicious winter fish, and my personal favorite.

버터에 익힌 아귀 꼬리살과 제주도에서 온 다양한 시트러스를 함께 곁들여 낸 요리입니다. 위에 올라간 시트러스는 자몽, 당유지, 황금향, 귤, 영귤, 레몬입니다.
위에 보이는 작은 초록색 허브는 직접 농장에서 따 온 타임입니다.

소스는 다시마를 저온에 우려서 깊은 맛을 내주었고, 고소함을 살리기 위해 현미 튀밥을 뿌려 완성합니다.
아귀는 겨울에 맛있는 생선이고, 개인적으로 가장 좋아하는 생선이에요.

Baby squid, kimchi chorizo jus, sword bean
꼴뚜기, 김치 초리조 주스, 작두콩

Seasonal baby squid and boiled sword beans served with a chorizo sauce infused with kimchi.
The combination of spicy and savory chorizo and kimchi with the tender sword beans reminds me of a Korean stew called 'Budaechigae'.
Farm-fresh winter greens are tossed in a refreshing yeast dressing and served together.

제철 꼴뚜기와 삶은 작두콩을 김치를 넣은 초리조 소스와 함께 낸 요리입니다.
매콤하고 짭잘한 초리조와 김치, 부드러운 콩의 조합은 흔히 즐기는 부대찌개의 느낌과도 비슷합니다.

직접 농장에서 따 온 겨울초를 상큼한 이스트 드레싱에 버무려 함께 냅니다.

Strawberry sorbet, omija, black pepper
딸기 소르베, 오미자, 흑후추

This dessert is served with a refreshing strawberry sorbet and a sauce made with home-made omija syrup.
The white meringue you see above was made with black peppercorns and a light sprinkling of coarsely ground black pepper on top.
The combination of spicy peppers, strawberries, and omija works well together.

상큼한 딸기 소르베와 직접 만든 오미자청으로 만든 소스를 곁들여서 내는 디저트입니다.
위에 보이는 흰색 머랭은 흑후추를 넣어서 만들었고, 그 위에 거칠게 간 후추를 살짝 뿌렸습니다.

매콤한 후추와 딸기, 그리고 오미자의 조합이 오묘하게 잘 어울려요.

Jeju oval squid, ink, sword bean, angelica root
제주 무늬 오징어, 먹물, 작두콩, 당귀

A dish of Jeju Island oval squid, also known as white squid.
The sauce is made from oval squid ink and tomatoes, which are mixed with angelica root oil.
Underneath the oval squid is a puree made from egg yolk and fish sauce, along with sword beans.

흰 꼴뚜기라고도 불리는 제주도에서 온 무늬 오징어 요리입니다. 소스는 무늬 오징어의 먹물과 토마토를 사용해서 만들었고, 함께 당귀 잎으로 만든 오일을 섞어서 완성합니다.

무늬 오징어 아래에 작두콩과 함께 계란 노른자와 어간장으로 만든 퓨레가 들어가서 감칠맛을 더해줍니다.

Chicken, spring greens, fermented shepherd's purse sauce
닭, 봄나물, 발효 냉이 소스

This chicken dish is made from the breast, legs, and wings of the chicken.
The wings are deboned and grilled over charcoal, while the legs and breasts are cooked for a long time at low temperatures in ovens and pans, and then over charcoal.
The sauce that looks like white foam is fermented shepherd's purse sauce.
And the chicken is topped with boiled shepherd's purse and spring greens.

닭의 가슴살, 다리살, 날갯살을 전부 사용하여 내는 닭고기 요리입니다.
날갯살은 뼈를 전부 제거한 후 숯에 굽고, 다리와 가슴살은 오븐과 팬에서 저온으로 오랜 시간 익힌 뒤 숯으로 구워 마무리합니다.

흰색 거품처럼 보이는 소스는 발효 냉이 소스에요.
닭고기 위에는 삶은 냉이, 살짝 구운 은달래, 해방풍 나물을 올려줍니다.

Cod, pil pil sauce, Korean cabbage root pie
대구, 대구 뼈 소스, 조선 배추 뿌리

Cod fillets cooked gently in oil at a low temperature.
The white sauce you see above is made by emulsifying cod bones with stock and garlic oil.
Underneath the cod is a charcoal-grilled mugwort.
Next to it is a pie made with the roots of Korean cabbage, layered with butter and baked in the oven.
Finished by pouring in the kelp stock.

대구살을 오일에 저온으로 부드럽게 익혀서 낸 요리입니다.
위에 보이는 흰색 소스는 대구뼈로 만든 육수와 마늘 오일을 유화시켜 만든 소스에요.
대구 아래에는 숯에 살짝 구운 쑥갓이 들어가 있습니다.

옆에는 조선 배추의 뿌리를 버터와 층층이 쌓아서 오븐에 구워서 만든 파이입니다.
마지막에 다시마 육수를 부어 마무리합니다.

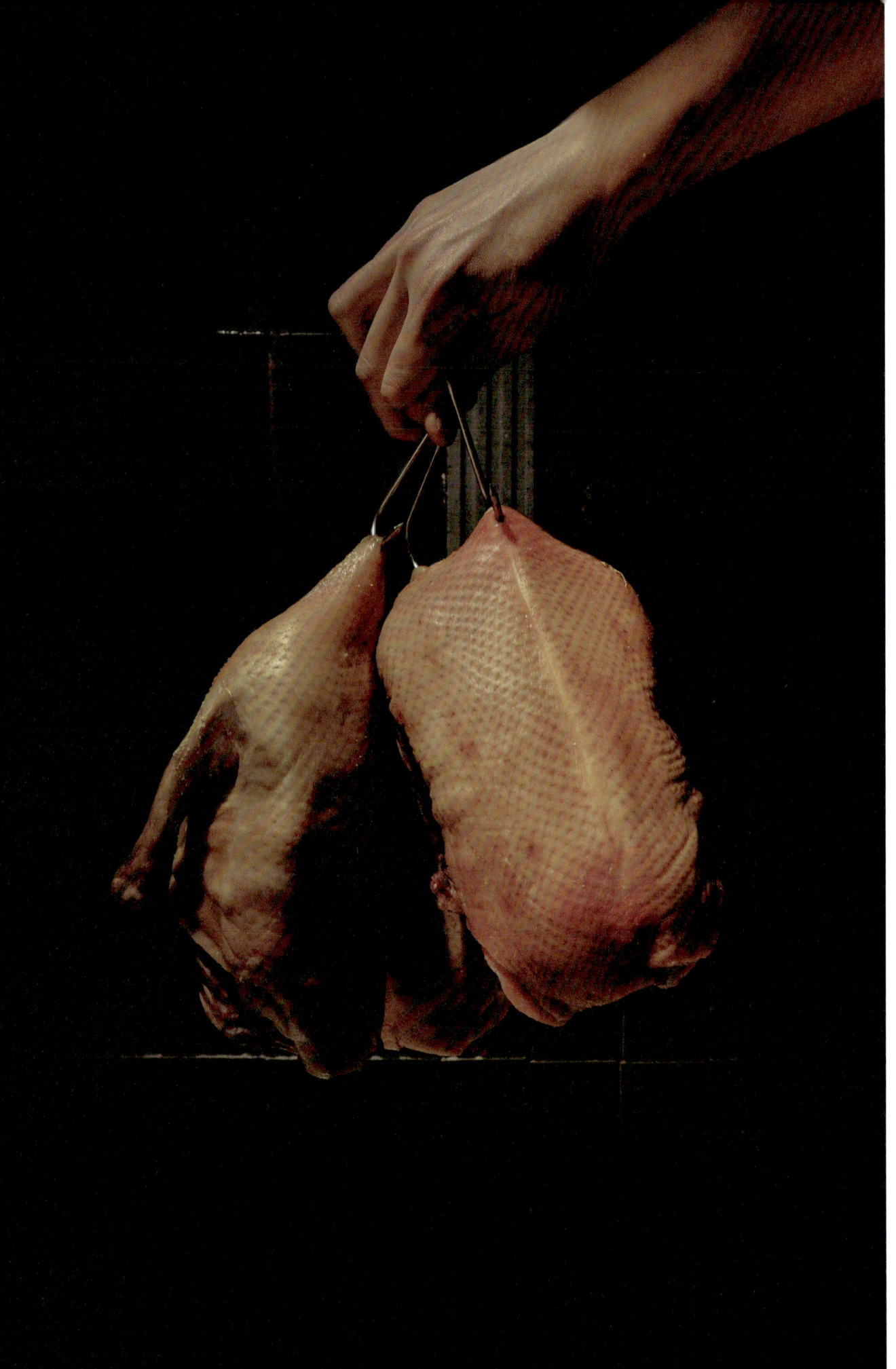

Crocker, Korean Leak, pil pil sauce
민어, 함양 파, 민어 뼈 소스

The belly of the fish is grilled over charcoal, while the back is gently cooked at a low temperature in oil.
The white sauce you see next to it is made from the bones of the crocker and Korean Leak from Hamyang. The powder sprinkled on top of the sauce is made by roasting the leaks in the oven, then drying and grinding them.
The sweet white flesh of the Korean leak is paired with fish fillets and a rustic sauce.

민어 뱃살은 숯에 굽고, 등살은 오일에서 저온으로 부드럽게 익힌 요리입니다.
옆에 보이는 흰색 소스는 민어의 뼈와 함양 파로 만든 소스에요. 소스 위에 뿌려진 가루는 파를 살짝 태우듯이 오븐에 구운 후 말리고 갈아서 만들었습니다.

함양 파의 달달한 흰 속살과 생선살, 그리고 녹진한 소스가 어우러집니다.

Poached egg, oval squid ink, mung bean porridge
수란, 무늬 오징어 먹물, 녹두죽

This is a dish made with poached eggs and oval squid ink.
Underneath the poached egg is a porridge made with butter, mung beans, and crispy cooked mung bean sprouts.

수란과 무늬 오징어의 먹물로 만든 요리입니다.
수란 아래에는 버터와 녹두, 아삭하게 익힌 숙주가 들어간 죽이 들어있어요.

Beef, black garlic, Korean spring greens
소고기 토시살, 코끼리 흑마늘, 봄나물

A dish of charcoal-grilled beef.
The black sauce you see under the beef is black garlic sauce, made from fermented garlic.
The beef is accompanied by various Korean spring greens.
On top of the beef is a juice of fermented wild peppers and wild pepper pickles.

숯에 구운 소고기 토시살 요리입니다.
토시살 아래 보이는 검은색 소스는 발효시킨 코끼리 마늘을 사용해서 만든 흑마늘 소스에요.
곁들인 봄 나물들은 발효한 명이나물의 순, 구운 명이나물, 살짝 쪄낸 머위, 곰취, 구운 가죽나물입니다.

토시살 위에는 재피를 발효해서 만든 주스를 살짝 발라주고, 재피 장아찌를 뿌려줍니다.

About the author

Chef Jin Yong Park has worked at ZERO COMPLEX in Seoul and Le Chateaubriand in Paris, and has been the head chef at two restaurants in Seoul, 6-3 and Chez Alex, and is currently the owner-chef of Onyva in Cheongdam-dong, Seoul.
He won the Northeast Asia region of the SANPELLEGRINO Young Chef Challenge 2015 in Hong Kong and represented the region at the finals in Milan.
By traveling all over the country in search of Korean ingredients and presenting Onyva's unique cooking style that utilizes the essence of the ingredients, he strives to create a friendly and comfortable restaurant where everyone who visits feels happiness.

셰프 박진용은 서울의 제로 컴플렉스(ZERO COMPLEX)와 프랑스 파리의 르 샤토브리앙(Le Chateaubriand)에서 근무를 했고, 서울에 있는 레스토랑 6-3, Chez Alex, 두 곳의 헤드 셰프를 거쳐, 지금은 서울 청담동에 위치한 Onyva의 오너 셰프이다.
수상 경력은 2015년 홍콩에서 열린 SANPELLEGRINO Young Chef Challenge 동북아시아 지역 우승을 했으며, 지역 대표로 밀라노에서 열린 결승전에 참여한 바 있다.
전국 방방곡곡을 다니며 우리나라의 식재료를 찾아 나서고, 재료의 본질을 살릴 수 있는 오니바만의 요리 스타일을 선보임으로써, 찾아오는 모든 분이 행복함을 느낄 수 있는 친근하고 편안한 레스토랑을 만들기 위해 노력하고 있다.

Onyva 135

Onyva

2025년 6월 27일, 초판 1쇄 발행

지은이	박진용
발 행	구나윤
편 집	구나윤
사 진	이태호
디자인	윤대중
인 쇄	문성인쇄
출판사	그래파이트온핑크 Graphite on Pink
출판등록	2015년 3월 10일, 제2015-000065호
주 소	서울특별시 성동구 송정동 87-7
전 화	02-518-3027
이메일	info@graphiteonpink.com
웹사이트	www.graphiteonpink.com

값 30,000원

ISBN 979-11-87938-77-4

이 책은 저작권법에 의하여 한국 내에서 보호를 받는 저작물이므로 무단 전재 및 복제를 금합니다.